AF589644

BULLETIN OFFICIEL

DE

L'ILE DE LA RÉUNION.

(N° 47.)

FÉVRIER 1862.

N° 1040. — *ARRÊTÉ portant fixation du prix du blanchissage des effets de literie militaire à rembourser au service marine par les corps coloniaux en* 1862.

Du 3 Février 1862.

NOUS GOUVERNEUR DE L'ILE DE LA RÉUNION,

Vu le compte des dépenses spéciales occasionnées par le blanchissage et les menues réparations des effets de literie militaire exécutés en régie à l'hôpital de Saint-Denis pendant l'année 1861, donnant par pièce blanchie et réparée pour 34,761 draps de lit, une moyenne de 0 f. 13167;

Ayant à établir sur cette moyenne le prix du blanchissage des effets appartenant à des corps spéciaux autres que les troupes de la marine;

Sur le rapport de l'Ordonnateur,

AVONS ARRÊTÉ ET ARRÊTONS ce qui suit:

Art. 1er. Le prix du blanchissage et des menues réparations des effets de literie militaire à rembourser au service marine, qui pourvoit à la manutention en commun, pour les corps spéciaux autres que l'artillerie et l'infanterie de marine, est fixé ainsi qu'il suit:

Pour drap de lit, toile à matelas, toile à paillasse et toute autre pièce, à 0 f. 13.

2. Il sera fait application de ce prix à tous les remboursements à opérer du 1er janvier jusqu'au dernier décembre 1862.

3. L'Ordonnateur est chargé de l'exécution du présent arrêté, qui sera enregistré partout où besoin sera et inséré au *Bulletin officiel* de la Colonie.

Saint-Denis, le 3 février 1862.

Baron DARRICAU.

Par le Gouverneur :

L'Ordonnateur,

DESMAZES.

N° 1041. — *ARRÊTÉ qui détermine les attributions de l'archiviste colonial.*

Du 11 Février 1862.

NOUS GOUVERNEUR DE L'ILE DE LA RÉUNION,

Vu notre arrêté en date du 5 septembre 1861 qui a créé un emploi spécial d'archiviste colonial;

Attendu qu'il est nécessaire de déterminer d'une manière précise les attributions conférées à ce nouvel agent;

Sur le rapport du Directeur de l'intérieur,

Le Conseil privé entendu,

AVONS ARRÊTÉ ET ARRÊTONS :

Art. 1er. L'archiviste colonial est placé sous les ordres du Contrôleur colonial.

2. Il est chargé du dépôt et de la classification des lois, ordonnances, décrets coloniaux, arrêtés, règlements, décisions et ordres du Ministre et du Gouverneur, des brevets, commissions, cartes, mémoires et

procès-verbaux relatifs à tous les services administratifs de la Colonie.

3. Il est chargé en outre : 1° de la garde des marchés, baux, inventaires et autres pièces sortis du service courant et qu'il devra représenter à chaque réquisition, aux services intéressés ;

2° De l'insertion au *Bulletin officiel* des actes à publier, de leur réception conformément à l'arrêté du 3 janvier 1862, de leur conférence avec les textes déposés aux archives;

Il s'occupera de la distribution à faire des numéros du Bulletin parus, aux fonctionnaires, tant à l'intérieur qu'à l'extérieur de la Colonie, qui ont droit à ce recueil;

3° De suivre l'enregistrement régulier par l'expéditionnaire qui sera placé à cet effet sous sa direction, des dépêches ministérielles ainsi que des décisions et des arrêtés locaux ;

4° De réclamer en temps voulu des diverses administrations, ceux de ces documents qui peuvent être en retard, et à en faire tenir un répertoire méthodique par le dit expéditionnaire ;

5° De veiller à ce que les copies délivrées aux divers services et préparées par leurs soins aux termes de la dépêche ministérielle du 22 octobre 1852, soient exactement conformes aux originaux déposés aux archives;

6° De la tenue et de la conservation de la bibliothèque du Contrôle dont il aura à dresser le catalogue;

7° Des recherches à faire pour les besoins du service du Contrôle, pour tout ce qui concerne les textes à consulter.

4. Il est bien entendu qu'il ne peut être dérogé par aucune des dispositions qui précèdent à celle qui rend le Contrôleur colonial personnellement responsable des archives de la Colonie (article 132, § 1, de l'ordonnance organique du 21 août 1825).

Le Contrôleur colonial restera nanti de tous actes et pièces relatifs aux services métropolitains.

5. L'archiviste colonial devra procéder à bref délai

au récolement général de l'inventaire de tous les actes déposés au Contrôle.

6. L'archiviste colonial, en faisant le classement des pièces qui lui auront été remises, établira un catalogue en suivant l'ordre alphabétique année par année et service par service.

7. L'archiviste colonial sera personnellement responsable envers le Contrôleur colonial de toutes les pièces dont il aura pris charge.

8. L'archiviste colonial délivrera les copies collationnées des actes officiels ou autres documents réclamés pour les besoins du service.

Ces copies seront certifiées conformes par lui et visées par le Contrôleur colonial.

Il ne pourra se dessaisir des originaux que sur un ordre écrit du Contrôleur colonial.

9. L'archiviste colonial fera les recherches mentionnées en l'article 2 de l'arrêté du 5 août 1828, et délivrera, sous le visa du Contrôleur colonial, les expéditions réclamées par les particuliers; les dites recherches et expéditions donnant lieu à la perception des droits établis au profit du trésor par l'arrêté précité du 5 août 1828.

10. Les particuliers qui demanderaient eux-mêmes à faire des recherches aux archives coloniales, devront y être autorisés par le Gouverneur sur la proposition du Contrôleur colonial.

Jusqu'au parfait classement des archives coloniales, aucune autorisation de cette nature ne pourra être accordée.

11. Le Directeur de l'intérieur est chargé de l'exécution du présent arrêté, qui sera publié, inséré au *Bulletin officiel* de la Colonie, et déposé au Contrôle colonial.

Saint-Denis, le 11 février 1862.

Baron DARRICAU.

Par le Gouverneur:

Le Directeur de l'Intérieur,

CH. DE LAGRANGE.

N° 1042. — *ORDRE de service concernant la liquidation des dépenses pour achats de matériel et de vivres destinés aux bâtiments de la flotte.*

Du 14 Février 1862.

LE COMMISSAIRE DE LA MARINE ORDONNATEUR,

Vu la circulaire ministérielle du 25 juin 1839, n° 467 (direction des fonds et des invalides — Bureau des dépenses d'outre-mer), portant que dans les colonies où il existe des magasins d'approvisionnements généraux pour les besoins des bâtiments de la flotte, il pourra être suppléé à la certification par les agents embarqués des dépenses d'achats, etc., au moyen de l'envoi au département des demandes des bâtiments acquittées par les parties prenantes et dûment visées, et de comptes des objets restés en magasin ;

Attendu qu'en exécution des prescriptions du règlement du 30 octobre 1860 sur la comptabilité du matériel existant dans les dépôts établis hors du territoire continental, il est fait envoi au département de la marine, par périodes trimestrielles, avec les pièces justificatives à l'appui, de relevés des entrées et des sorties, tant du magasin général, que du magasin de vivres ;

ARRÊTE L'ORDRE DE SERVICE SUIVANT :

A compter du 15 février 1862, les achats de matières, de denrées et d'objets se rattachant au service de la flotte, auront lieu à titre d'approvisionnement, sans désignation des bâtiments auxquels ces matières, denrées et objets sont destinés et sans certification des autorités de bord au bas des pièces comptables.

L'application par bâtiment résultera des comptes trimestriels d'entrées et de sorties, à adresser au département, appuyés des billets de demandes dûment acquittés et visés.

Le présent ordre sera exécutoire après approbation de M. le Gouverneur et communication à M. le Contrôleur colonial.

Fait à Saint-Denis, le 14 février 1862.

DESMAZES.

N° 1043. — *ARRÊTÉ qui autorise la Société de secours mutuels établie à Saint-Paul sous le titre de Société ouvrière et industrielle.*

Du 15 Février 1862.

NOUS GOUVERNEUR DE L'ILE DE LA RÉUNION,

Vu l'article 9 du sénatus-consulte du 3 mai 1854;

Vu la lettre du Maire de Saint-Paul en date du 1er février 1862, transmettant une demande de M. Kanval J.-B. Aimé, Président de la Société ouvrière et industrielle de Saint-Paul, à l'effet d'obtenir l'autorisation de la dite société;

Sur le rapport du Directeur de l'intérieur.

AVONS ARRÊTÉ ET ARRÊTONS:

Art. 1er. La Société de secours mutuels établie à Saint-Paul sous le titre de *Société ouvrière et industrielle* est autorisée.

Les statuts de la dite société, annexés au présent arrêté, sont approuvés.

2. Dans le cas où cette société s'écarterait du but de son institution et de la stricte observation de ses statuts, la présente autorisation serait retirée.

3. Le Directeur de l'intérieur est chargé de l'exécution du présent arrêté, qui sera publié et inséré au *Bulletin officiel* de la Colonie.

Saint-Denis, le 15 février 1862.

Baron DARRICAU.

Par le Gouverneur:

Le Directeur de l'intérieur,

CH. de LAGRANGE.

N° 1044. — *ARRÊTÉ qui ouvre à l'Ordonnateur des crédits provisoires sur l'exercice* **1861**, *au compte des chapitres* **1** *et* **2**, *service colonial du budget de la marine et des colonies.*

Du 17 Février 1862.

Nous Gouverneur de l'île de la Réunion,

Vu la situation des crédits délégués à l'Ordonnateur pour l'acquittement des dépenses des chapitres 1 et 2, service colonial du budget de la marine et des colonies, exercice 1861;

Attendu qu'il y a lieu de suppléer à l'insuffisance de ces crédits, pour ne pas laisser en souffrance l'acquittement de dépenses résultant des services faits;

Attendu que l'application de l'article 83 du règlement du 31 octobre 1840, sur la comptabilité du Département de la marine, relatif au paiement sur réquisitions de l'Ordonnateur en cas d'insuffisance de crédits, devant strictement être limitée à des dépenses de solde, de frais de conduite et ne remédierait qu'en partie à la situation sur laquelle il y a lieu de statuer;

Attendu que les fonds réservés pour pourvoir aux dépenses payables en France, paraissent excéder les prévisions, et doivent laisser un disponible suffisant pour couvrir les dépenses restant à payer dans la Colonie;

Vu l'article 5 du décret sur le service financier des colonies, du 26 septembre 1855, qui, dans un cas à peu près analogue, autorise les gouverneurs, s'il y a urgence, à ouvrir aux ordonnateurs les crédits nécessaires pour l'acquittement des dépenses;

Vu l'article 9 du sénatus-consulte qui règle la constitution des colonies, du 3 mai 1854; et usant des pouvoirs extraordinaires qui nous sont dévolus;

Sur le rapport de l'Ordonnateur, de l'avis du Conseil privé,

Avons arrêté et arrêtons :

Art. 1er. Les crédits suivants sont ouverts à l'Ordonnateur sur les fonds du budget de la marine et des colonies, service colonial, exercice 1861, pour l'acquittement de dépenses résultant des services faits au compte du dit exercice.

Savoir :

Chapitre 1er. Personnel civil et militaire. 84,000 f.
Chapitre 2. Matériel civil et militaire.. 9,500

2. Ces crédits sont provisoires, le montant en sera cumulé avec les crédits de délégation précédemment accordés.

Ils seront annulés à l'arrivée des ordonnances régulières du Département.

3. L'Ordonnateur est chargé de l'exécution du présent arrêté, qui sera enregistré partout où besoin sera et inséré au *Bulletin officiel* de la Colonie.

Saint-Denis, le 17 février 1862.

Baron DARRICAU.

Par le Gouverneur :

L'Ordonnateur,

Desmazes.

N° 1045. — *ARRÊTÉ qui charge les conseils d'administration des corps de troupes et les commandants de compagnies et de détachements isolés, de l'administration des successions des militaires des dits corps.*

Du 17 Février 1862.

Nous Gouverneur de l'Île de la Réunion,

Vu l'instruction du Ministre de la guerre du 8 mars 1823, concernant l'exécution des dispositions du Code Napoléon et de divers décrets et ordonnances applicables aux militaires de toutes armes, notamment le titre

3, spécial aux décès, scellés, inventaires et vente des effets, etc.;

Vu les articles 580, 650 et 708 de l'ordonnance royale du 22 juin 1847, sur les revues, l'administration et la comptabilité du corps de troupe de la marine; les articles 687 et 688 du règlement du 11 mai 1856 sur la solde, les revues et la comptabilité de la gendarmerie; et l'arrêté ministériel du 20 février 1860 relatif aux successions des militaires de l'armée décédés aux colonies;

Sur le rapport de l'Ordonnateur,

AVONS ARRÊTÉ ET ARRÊTONS ce qui suit :

Art. 1er. Les Conseils d'Administration des corps de troupe et les commandants de compagnies et de détachements isolés, sont chargés de l'administration des successions des officiers, sous-officiers et soldats des dits corps ou portions de corps.

Ils procèdent en cette partie sous le contrôle du commissaire aux revues et en observant les dispositions édictées par les instructions ministérielles, ordonnances et règlements spéciaux à la matière.

2. Les produits nets des dites successions sont versés, accompagnés de liquidation et de justifications en due forme des recettes et dépenses, dans la caisse des *gens de mer*, en ce qui concerne les corps de la marine et du service colonial; et dans la caisse des *dépôts et consignations*, en ce qui intéresse les corps du département de la guerre.

3. L'Ordonnateur est chargé du l'exécution du présent arrêté, qui sera enregistré partout où besoin sera et inséré dans le *Bulletin officiel* de la Colonie.

Saint-Denis, le 17 février 1852.

Baron DARRICAU.

Par le Gouverneur :

L'Ordonnateur,

DESMAZES.

N° 1046. — ARRÊTÉ *qui nomme M. Aubry Pruche membre de la Commission de Crédit colonial, pour représenter cette société, en remplacement de M. Desse, démissionnaire.*

Du 17 Février 1862.

NOUS GOUVERNEUR DE L'ILE DE LA RÉUNION,

Vu le décret du 24 octobre 1860 relatif à la formation de la Société de Crédit colonial;

Vu l'article 5 de notre arrêté en date du 11 avril dernier, instituant une Commission spéciale chargée d'examiner les demandes d'emprunt;

Vu la lettre de M. le Directeur de la Société de Crédit colonial qui désigne M. Aubry Pruche, propriétaire, membre du Conseil général, pour remplacer M. Desse, comme représentant de la dite Société;

Sur le rapport du Directeur de l'intérieur,

AVONS ARRÊTÉ ET ARRÊTONS :

Art. 1er. M. Aubry Pruche, propriétaire, membre du Conseil général, est nommé membre de la Commission de Crédit colonial, pour représenter la dite Société, en remplacement de M. Desse, Directeur de la Banque, démissionnaire.

2. M. M. Dierx, agent de change à Saint-Denis, est nommé membre suppléant de la même Commission, en remplacement de M. Aubry Pruche.

3. Le Directeur de l'intérieur est chargé de l'exécution du présent arrêté, qui sera inséré au *Bulletin officiel* et publié partout où besoin sera.

Saint-Denis, le 17 février 1862.

Baron DARRICAU.

Par le Gouverneur :

Le Directeur de l'Intérieur,
CH. DE LAGRANGE.

N° 1047. — *ARRÊTÉ portant fixation du prix des aliments extra-règlementaires dans les hôpitaux militaires.* (*)

Du 19 Février 1862.

Nous Gouverneur de l'île de la Réunion,

Vu les divers arrêtés qui ont réglé la dépense journalière des aliments exceptionnels dans les hôpitaux militaires de la Colonie à des prix variant suivant les localités;

Vu l'avis du Conseil de santé, en date du 18 février 1862, et voulant arriver à un chiffre uniforme de ces dépenses dans les trois hôpitaux militaires;

Sur la proposition de l'Ordonnateur,

Avons arrêté et arrêtons:

La dépense ayant pour objet la distribution aux malades, en vertu des prescriptions des officiers de santé, d'aliments extra-règlementaires, est fixée, par jour et par malade, au chiffre de *quinze centimes*, pour tous les hôpitaux militaires de la Colonie.

Les états mensuels de liquidation de cette dépense seront établis suivant les prescriptions de l'article 2 de l'arrêté précité du 31 août 1859.

L'Ordonnateur est chargé de l'exécution du présent arrêté, qui sera enregistré où besoin sera et inséré au *Bulletin officiel* de la Réunion.

Fait à Saint-Denis, le 19 février 1862.

Baron DARRICAU.

Par le Gouverneur:

L'Ordonnateur,

Desmazes.

(*) Voir arrêté du 31 août 1859...... 0 085 Saint-Denis.
Arrêté du 30 décembre 1859. idem Saint-Paul.
Arrêté du 7 août 1860....... idem Salazie.
Arrêté du 14 novembre 1860. 0 25 (Frais d'hôpitaux.)

N° 1048. — *ARRÊTÉ qui donne un avertissement au* Journal du Commerce.

Du 22 Février 1862.

NOUS GOUVERNEUR DE L'ILE DE LA RÉUNION,

Vu l'article 42 de l'ordonnance organique du 21 août 1825, et l'arrêté du 27 avril 1859 qui règlent le régime de la presse périodique de la Réunion ;

Vu le numéro 1249 du *Journal du Commerce* en date du 21 de ce mois, contenant un article commençant par ces mots : « Nous avons été surpris » et terminé par ceux-ci : « Lorsqu'il s'agit de choléra » ;

Considérant que l'article sus-dit persiste à affirmer des faits qui sont de nature à jeter de l'inquiétude dans la population et qu'il cherche en outre à faire supposer que l'Administration ne fait pas son devoir ;

Sur le rapport du Directeur de l'intérieur,

AVONS ARRÊTÉ ET ARRÊTONS :

Art. 1er. Un avertissement est donné au *Journal du Commerce* dans la personne de M. Vital Delval, son gérant.

2. Le Directeur de l'intérieur est chargé de l'exécution du présent arrêté, qui sera inséré textuellement au *Moniteur* et en tête du prochain numéro du *Journal du Commerce*.

Saint-Denis, le 22 février 1862.

Baron DARRICAU.

Par le Gouverneur :

Le Directeur de l'Intérieur,

CH. DE LAGRANGE.

N° 1049. — *ARRÊTÉ qui donne un avertissement au journal* Le Nouveau Colon.

Du 22 Février 1862.

Nous Gouverneur de l'île de la Réunion,

Vu l'article 42 de l'ordonnance organique du 21 août 1825, et l'arrêté du 27 avril 1859 qui règlent le régime de la presse périodique à l'île de la Réunion;

Vu le numéro 15 du journal *Le Nouveau Colon* en date du 20 de ce mois, contenant un article commençant par ces mots: « L'Administration maritime » et terminé par ceux-ci: « L'exécution de cette mesure »;

Considérant que l'article sus-dit persiste à affirmer des faits qui sont de nature à jeter de l'inquiétude dans la population et qu'il cherche en outre à faire supposer que l'Administration ne fait pas son devoir;

Sur le rapport du Directeur de l'intérieur,

Avons arrêté et arrêtons:

Art. 1er. Un avertissement est donné au journal *Le Nouveau Colon* dans la personne de M. Arnalï, son gérant.

2. Le Directeur de l'intérieur est chargé de l'exécution du présent arrêté, qui sera inséré textuellement au *Moniteur* et en tête du prochain numéro du journal *Le Nouveau Colon*.

Saint-Denis, le 22 février 1862.

Baron DARRICAU.

Par le Gouverneur:

Le Directeur de l'Intérieur,

Ch. de Lagrange.

N° 1050. — **ARRÊTÉ** *portant prescription de dispositions sanitaires préventives contre les provenances de Maurice, en raison de l'épidémie de choléra-morbus qui règne dans cette île.*

Du 25 Février 1862.

NOUS GOUVERNEUR DE L'ILE DE LA RÉUNION,

Vu les dernières nouvelles parvenues de Maurice sur la continuation de l'épidémie de choléra-morbus à laquelle cette île est en proie;

Ayant à préserver de ce fléau par tous les moyens en notre pouvoir la colonie de la Réunion;

Vu les mesures extraordinaires prises dans des circonstances analogues en 1854, 1856 et 1859;

Vu les propositions du Conseil sanitaire;

Vu les articles 16 et 40 de l'ordonnance organique du 21 août 1825 et l'article 9 du sénatus-consulte du 3 mai 1854 qui a réglé la constitution des colonies;

Sur le rapport de l'Ordonnateur,

AVONS ARRÊTÉ ET ARRÊTONS ce qui suit:

Art. 1er. Toute communication entre les bâtiments et embarcations quelconques venant de Maurice ou ayant eu des communications en mer avec des bâtiments et embarcations de cette provenance, et les divers points du littoral de la Réunion, autres que la rade de Saint-Denis, est interdite.

Les bâtiments dans le cas ci-dessus qui se présenteront sur la rade de Saint-Denis, seront soumis à une quarantaine en queue de rade ou à terre dans les lazarets, suivant ce que décidera le service sanitaire, en raison des circonstances.

2. Les conditions de la quarantaine en queue de rade sont déterminées par l'article 29 de la police de rade approuvées en Conseil privé le 25 septembre 1860.

Un médecin sanitaire fera une visite le long du

bord tous les 3 jours pour s'assurer de l'état de santé de l'équipage et des passagers.

L'admission à la libre pratique est subordonnée à la décision de l'Administration sanitaire.

Cette décision n'aura son effet qu'à la suite d'un dernier interrogatoire fait par le médecin sanitaire de service.

Aussitôt la communication permise entre l'équipage, les passagers et la terre, les médecins sanitaires monteront à bord, se feront rendre un compte exact de la nature du chargement, et, après que l'ouverture des panneaux aura eu lieu par les soins de l'amirauté préalablement avertie à cet effet, visiteront le navire dans toutes ses parties et prescriront les mesures hygiéniques qu'ils jugeront nécessaires.

La libre pratique donnée à l'équipage et aux passagers ne s'étendra au navire lui-même qu'autant qu'on aura acquis la certitude, à la suite d'une dernière visite, que toutes les mesures de salubrité prescrites ont été préalablement exécutées.

Les hardes et effets à usage, les chiffons, cuirs et peaux, les plumes, crins, soies, en un mot toutes les matières et substances animales seront purifiées, avant d'être remis à terre.

A l'égard des bâtiments et bateaux de tout tonnage naviguant sur les côtes de la Colonie, il sera fait application de l'arrêté du 3 juillet 1854 :

« Art. 1er. Les bâtiments et bateaux de tout tonnage naviguant sur les côtes de la Colonie ne seront admis à communiquer avec le point de leur destination, que sur l'autorisation du service sanitaire.

« Art. 2. Pour obtenir cette admission, les capitaines et patrons seront tenus de déclarer, sous la foi du serment et après avoir fait connaître le lieu de leur départ, qu'ils n'ont eu aucune communication en mer.

« Art. 3. Des agents du service des douanes seront spécialement désignés par M. le Directeur de l'inté-

« rieur pour recevoir ces déclarations et autoriser la
« communication avec la terre.

« Art. 4. Si les déclarations des capitaines et pa-
« trons étaient de nature à faire refuser la libre pra-
« tique, les agents délégués en référeraient, à Saint-
« Denis, à leur chef de service, et dans les quartiers,
« au Maire de la localité. »

Dans les cas de doute et de suspicion résultant des déclarations, les bâtiments ou bateaux pourront être repoussés de la côte, avec la faculté de se présenter sur la rade de Saint-Denis.

4. La pêche de nuit et la circulation sur les rades et sur la côte des chaloupes, pirogues et autres embarcations de charge, de passage ou de pêche, du coucher au lever du soleil, est interdite.

5. Les bâtiments et embarcations qui tenteraient de communiquer avec la terre sur quelque point que ce soit, nonobstant les avertissements des autorités et agents compétents, pourront être repoussés par la force.

6. En ce qui concerne les lettres et journaux venant de Maurice, les dispositions observées jusqu'ici continueront d'avoir leurs effets.

Ceux expédiés de Maurice seront passés au vinaigre à bord, puis seront isolément coupés et soumis à l'action des désinfectants d'usage, à leur arrivée au débarcadère.

Les lettres et journaux venant d'Europe par des bâtiments ayant touché à Maurice, sans que les caisses, sacs et paquets y aient été mis à terre ou ouverts, seront simplement passés au vinaigre, extérieurement, à bord, et aspergés de chlorure de chaux au moment de leur dépôt dans les embarcations.

7. Par continuation également de ce qui a été pratiqué jusqu'ici, les marchandises et objets matériels venant de Maurice sont en général soumis à la quarantaine et à tous ses effets, de même que les hardes et effets à usage des équipages et des passagers.

Peuvent toutefois être débarqués immédiatement à

Saint-Denis, les espèces monnayées, marchandises et objets matériels non contumaces, aux termes des règlements sanitaires; les colis les contenant seront, préalablement à la mise à terre, aspergés d'eau chlorurée.

La même disposition est autorisée pour les marchandises et objets matériels de toute sorte venant d'Europe par des bâtiments ayant touché à Maurice, sans que les caisses ou colis y aient été mis à terre ou ouverts; ils seront simplement aspergés de chlorure, à l'extérieur des caisses et colis, dans les embarcations.

Les marchandises et objets matériels altérés ou décomposés ou contenus dans des caisses ou sacs ouverts, seront soumis à la quarantaine ou détruits et jetés à la mer suivant ce que décideraient les agents sanitaires.

8. Les autorités et agents du service des ports, la gendarmerie, la douane, les commissaires et agents de police, les milices dans les quartiers, tous les membres de la force publique sont appelés à concourir à l'exécution des mesures prescrites ci-dessus.

Les infractions à ces dispositions ou leur inexécution par les autorités et agents chargés d'y tenir la main, entraîneraient, suivant la gravité des cas, l'application, soit des peines réglées par les arrêtés et règlements sur la police de la navigation, soit de celles prévues dans les articles 78 à 88 de l'ordonnance locale du 15 mai 1824 sur la police sanitaire de la Colonie.

9. L'Ordonnateur, le Directeur de l'intérieur et le Procureur Général sont chargés de l'exécution du présent arrêté, qui sera publié et inséré au *Moniteur* et au *Bulletin officiel* de la Colonie.

Saint-Denis, le 25 février 1862.

Baron DARRICAU.

Par le Gouverneur :

L'Ordonnateur,

DESMAZES.

N° 1051. — ARRÊTÉ *portant nomination d'assesseurs de l'arrondissement Sous-le-Vent.*

Du 25 Février 1862.

NOUS GOUVERNEUR DE L'ILE DE LA RÉUNION,

Vu l'article 9, § 2, du sénatus-consulte du 3 mai 1854;

Vu les articles 161 et suivants de l'ordonnance d'organisation judiciaire du 30 septembre 1827;

Vu les arrêtés des 23 août 1860 et suivants, qui composent le Collége des Assesseurs des deux arrondissements de la Colonie, et pourvoient à divers remplacements dans ce même collége;

Vu le décret impérial du 6 janvier 1857, qui ordonne la translation, de Saint-Paul à Saint-Pierre, de la Cour d'Assises de l'arrondissement Sous-le-Vent et rattache la Commune de Saint-Paul à l'arrondissement du Vent;

Attendu, dès lors, qu'il y a lieu de pourvoir au remplacement des assesseurs de l'arrondissement Sous-le-Vent domiciliés à Saint-Paul;

Sur le rapport du Procureur Général,

Le Conseil privé entendu,

AVONS ARRÊTÉ ET ARRÊTONS ce qui suit :

Art. 1er. Sont nommés assesseurs de l'arrondissement Sous-le-Vent :

MM.

Deville (Germeuil-Henry), licencié en droit, à Saint-Pierre,

Daboval (Jean-Louis), commerçant à Saint-Pierre,

François (Jules), percepteur des contributions à Saint-Pierre,

D'Achery (Bernard-Monrose), propriétaire à Saint-Pierre,

Le Roy (Jean-Baptiste-Adolphe fils), commerçant à Saint-Pierre,

Barquisseau (Désiré), instituteur à Saint-Pierre,

Chalmel (Joseph-Marie), propriétaire à Saint-Pierre,

Orré fils (Lavallée), propriétaire à Saint-Pierre,

Dorseuil (Jean-Auguste), commerçant à Saint-Louis,

Frappier de Montbenoit (Félix), maire de Saint-Pierre,

Murat (Jules), propriétaire à Saint-Louis,

Lacaze (Henri-Eugène), commerçant à Saint-Pierre,

Rétout (Jean-Antoine), propriétaire à Saint-Pierre, en remplacement de MM. Audrain (Edmond), Cabane de Laprade (Dominique), Déguigné (Henri), Dupray (Félix), Guyochet Laperrière (Charles-Alphonse), Hoarau Lasource (Jean-Baptiste-Henry), Henry (Nicolas), Icard (Henry), Jacquemin fils, Piet (Julien), Sauger (Dominique), Troussail (Joseph), Trollé (Victor), tous domiciliés à Saint-Paul.

2. Le Procureur Général est chargé de l'exécution du présent arrêté, qui sera lu, publié et enregistré partout où besoin sera.

Fait à Saint-Denis, le 25 février 1862.

Baron DARRICAU.

Par le Gouverneur :

Pour le Procureur Général empêché :

Le Procureur Impérial,
PRÉAUX LOCRÉ.

Enregistré à la Cour Impériale le 28 février 1862.

Nº 1052. — *ARRÊTÉ qui autorise la commune de Saint-Paul à contracter un emprunt de deux cent mille francs.*

Du 27 Février 1862.

NOUS GOUVERNEUR DE L'ILE DE LA RÉUNION,

Vu l'article 9 du sénatus-consulte du 3 mai 1854;

Vu l'article 64 de l'arrêté du 12 novembre 1848 concernant l'organisation municipale;

Vu l'article 126 du décret du 26 septembre 1855 sur le régime financier des colonies;

Vu le procès-verbal des délibérations en date du 11 novembre 1861, par lequel le conseil municipal de Saint-Paul demande à contracter un emprunt de deux cent mille francs dont la moitié serait affectée à l'ouverture d'un chemin sur le littoral, entre la Possession et Saint-Denis; l'autre moitié à la conduite en ville des eaux de la ravine Saint-Gilles, à l'ouverture des chemins des Bertaud et de la Saline, et à une plantation d'arbres dans la ville de Saint-Paul; le dit emprunt remboursable en huit termes égaux d'année en année, à partir du 31 décembre 1864;

Vu le budget de Saint-Paul pour l'année 1862;

Considérant que les ressources de cette commune lui permettent d'acquitter en huit annuités l'emprunt qu'elle demande à contracter, sans nuire à la marche du service et sans entraver les travaux qu'elle a en cours d'exécution;

Sur le rapport du Directeur de l'intérieur,

Le Conseil privé entendu,

AVONS ARRÊTÉ ET ARRÊTONS:

Art. 1er. La commune de Saint-Paul est autorisée à contracter un emprunt de la somme de deux cent mille francs pour être affecté à différents travaux, savoir:

1° Cent mille francs à l'ouverture d'un chemin sur le littoral entre la Possession et Saint-Denis;

2° Cent mille francs à la conduite dans la ville de

Saint-Paul des eaux de la ravine Saint-Gilles, à l'ouverture des chemins dits *des Bertaud* et *de la Saline*, et à une plantation d'arbres sur les places et dans les rues de Saint-Paul.

2. Le dit emprunt sera contracté sous les conditions suivantes :

1° La somme de deux cent mille francs sera versée par les prêteurs par quart comme suit : cinquante mille francs fin de mars, cinquante mille francs fin de juin, cinquante mille francs fin de septembre, et cinquante mille francs fin de novembre 1862.

2° Les intérêts de la somme empruntée seront payés par semestre au taux de neuf pour cent l'an : le premier paiement ayant lieu le trente-un juillet 1862, et les paiements subséquents s'effectuant les trente-un janvier et trente-un juillet de chaque année.

3° Le capital emprunté sera remboursable en huit termes égaux d'année en année, à partir du 31 décembre 1864, savoir :

Un huitième au 31 décembre 1864;
Un huitième au 31 décembre 1865;
Un huitième au 31 décembre 1866;
Un huitième au 31 décembre 1867;
Un huitième au 31 décembre 1868;
Un huitième au 31 décembre 1869;
Un huitième au 31 décembre 1870;
Un huitième au 31 décembre 1871.

4° La commune de Saint-Paul remettra aux prêteurs des récépissés provisoires pour les trois premiers versements. Ces récepissés porteront intérêt à partir de chaque versement. A l'époque du quatrième versement, il leur sera délivré des obligations au porteur de cinq cents francs chacune, aux échéances ci-dessus fixées pour le remboursement du capital et des intérêts.

Il sera réservé au dos de ces obligations des cases spéciales pour la mention du paiement des intérêts semestriels, par l'apposition du cachet de la Mairie.

5° Il sera fait, par voie des journaux, appel à la

commune pour la réalisation de l'emprunt ci-dessus, avec indication du mode de versement en capital et intérêts. Les concurrents devront faire leurs offres par soumissions cachetées, à la Mairie de Saint-Paul, dans le mois qui suivra le premier avis. Ces soumissions devront contenir l'acceptation par les souscripteurs des conditions générales fixées par la commune, et l'indication du taux de l'intérêt auquel ils s'engagent à faire le prêt. Les prêteurs qui offriraient leur argent à un taux moins élevé que celui de neuf pour cent, auraient la préférence.

6° Dans le cas où, au jour fixé pour l'ouverture des soumissions cachetées, aucune ne pourrait remplir le vœu de la commune, le Maire est autorisé à traiter directement avec les bailleurs de fonds qui se présenteraient, sans que le taux de l'intérêt puisse dépasser neuf pour cent.

7° Le remboursement de l'emprunt en capital et intérêts figurera chaque année au budget dans le chapitre des dépenses obligatoires.

8° En cas de perte, les obligations seront remboursées après l'échéance du trimestre, sur une déclaration faite par devant le Maire, en présence de deux témoins, avec indication des numéros, après publication pendant un mois dans les journaux de la Colonie chargés des annonces judiciaires.

9° Les frais d'enregistrement et autres auxquels donnera lieu l'emprunt, seront supportés par la commune.

3. Le Directeur de l'intérieur est chargé de l'exécution du présent arrêté, qui sera publié, enregistré partout où besoin sera, inséré au *Bulletin officiel* et déposé au Contrôle colonial.

Saint-Denis, le 27 février 1862.

Baron DARRICAU.

Par le Gouverneur :

Le Directeur de l'Intérieur,

CH. DE LAGRANGE.

N° 1053. — *ARRÊTÉ qui autorise la commune de Saint-Paul à accepter le don d'un terrain destiné à l'édification d'une chapelle.*

Du 27 Février 1862.

NOUS GOUVERNEUR DE L'ILE DE LA RÉUNION,

Vu l'article 9 du sénatus-consulte du 3 mai 1854 ;

Vu l'article 37 de l'ordonnance organique du 21 août 1825 ;

Vu l'article 64 de l'arrêté du 12 novembre 1848 concernant l'organisation municipale ;

Vu la délibération du conseil municipal de Saint-Paul en date du 8 août 1861, par laquelle il demande l'autorisation d'accepter de Mme Charles d'Achery, pour l'édification de la chapelle Sainte-Thérèse, le don d'une portion de terrain située sur la rive gauche de la ravine de la Saline ;

Sur le rapport du Directeur de l'intérieur,

Le Conseil privé entendu,

AVONS ARRÊTÉ ET ARRÊTONS :

Art. 1er. La commune de Saint-Paul est autorisée à accepter de Mme Charles d'Achery, pour l'édification de la chapelle de Sainte-Thérèse, le don d'une portion de terrain stiuée sur la rive gauche de la ravine de la Saline, ayant 53 mètres de longueur à l'Est, 41m 40 à l'Ouest, 73m au Sud, et 76m au Nord; bornée au Nord partie par la route Impériale et partie par les héritiers Rémy Zitte; et des trois autres côtés par la donatrice, ainsi qu'il résulte des pièces ci-annexées, le plan des lieux et un acte passé par Me Adamolle, notaire à Saint-Paul, le 31 janvier 1861.

2. Le Directeur de l'intérieur est chargé de l'exécution du présent arrêté, qui sera enregistré où besoin sera, et inséré au *Bulletin officiel* de la Colonie.

Saint-Denis, le 27 février 1862.

Baron DARRICAU.

Par le Gouverneur :

Le Directeur de l'Intérieur,

CH. DE LAGRANGE.

N° 1054. — *ARRÊTÉ qui autorise la commune de Saint-Paul à échanger une portion de route communale avec MM. Gillet, Sélec et de Tourris contre une égale portion de route appartenant à ces derniers auxquels il sera fait remise d'une soulte de 4,900 francs.*

Du 27 Février 1862.

NOUS GOUVERNEUR DE L'ILE DE LA RÉUNION,

Vu l'article 9 du sénatus-consulte du 3 mai 1854;

Vu l'article 64 de l'arrêté du 12 novembre 1848 concernant l'organisation municipale;

Vu les délibérations du Conseil municipal de Saint-Paul, en date des 6 août 1860 et 13 mai 1861, par lesquelles il demande l'autorisation d'échanger une portion de route communale contre une égale portion de route appartenant à MM. Gillet, Sélec et de Tourris, et vote en faveur de ces propriétaires une soulte de quatre mille neuf cents francs dont deux mille francs portés au budget additionnel de 1861, et deux mille cinq cents francs au budget ordinaire de 1862;

Sur le rapport du Directeur de l'intérieur,

Le Conseil privé entendu,

AVONS ARRÊTÉ ET ARRÊTONS :

Art. 1er. La commune de Saint-Paul est autorisée à échanger, suivant les indications portées au plan ci-annexé, une portion de route communale, à prendre du coude qu'elle fait à partir de la ravine Laforge jusqu'à la limite du terrain de Bellemène acquis de M. Cabanne de Laprade par MM. Gillet, Sélec et de Tourris, contre une égale portion de route appartenant à ces derniers propriétaires, auxquels il sera fait remise d'une soulte de quatre mille neuf cents francs.

2. Le Directeur de l'intérieur est chargé de l'exécu-

tion du présent arrêté qui sera inséré au *Bulletin officiel* de la Colonie.

Saint-Denis, le 27 février 1862.

Baron DARRICAU.

Par le Gouverneur:

Le Directeur de l'Intérieur,

CH. DE LAGRANGE.

N° 1055. — *ARRÊTÉ qui charge M. Leheudé du transport des dépêches et paquets de la Poste aux lettres de Saint-Denis à Saint-Pierre, pour une durée de cinq ans.*

Du 27 Février 1862.

NOUS GOUVERNEUR DE L'ILE DE LA RÉUNION,

Vu le procès-verbal d'adjudication du transport des dépêches et paquets de la poste aux lettres de Saint-Denis à Saint-Pierre par Saint-Paul et retour, en date du 24 février 1862;

Sur le rapport du Directeur de l'intérieur,

Le Conseil privé entendu,

AVONS ARRÊTÉ ET ARRÊTONS:

Art. 1er. M. Leheudé est et demeure chargé, aux termes du cahier des charges arrêté en Conseil privé le 11 février 1862, du transport des dépêches et paquets de la poste aux lettres de Saint-Denis à Saint-Pierre par Saint-Paul et retour, pour une durée de cinq ans à partir du premier mars prochain.

2. M. Leheudé effectuera le transport des voyageurs sur toute la ligne sus-dite, mais sans qu'il lui soit concédé pour ce transport aucun privilége exclusif. Ses voitures devront contenir de 5 à 8 places; elles seront suspendues et bien conditionnées; chaque place aura son numéro dans l'intérieur. L'entrepreneur ne pourra prendre personne en excédant du nombre des

places, sous peine d'une amende de 25 francs pour chaque voyageur pris en sus du nombre déterminé.

Deux enfants au-dessous de 7 ans compteront pour une place entière.

Les domestiques ne paieront que demi-place lorsqu'ils accompagneront leurs maîtres.

3. Le prix maximum des places est ainsi fixé :

De Saint-Denis à la Possession.........	5 f.	»
De la Possession à Saint-Paul.........	5	»
De Saint-Paul à Saint-Leu............	17	50
De Saint-Leu à Saint-Louis...........	12	50
De Saint-Louis à Saint-Pierre..........	5	»

Les prix sont les mêmes pour les retours.

4. Les départs auront lieu comme suit :

LIGNE DE SAINT-DENIS A SAINT-PAUL.

1er Voyage de Saint-Denis à Saint-Paul.

Départ de Saint-Dènis à 5 heures du matin pour arriver à la Possession de 8 à 8 heures et demie.

Départ de la Possession à 8 heures ou 8 heures et demie du matin pour arriver à Saint-Paul à 10 heures, en raison de la correspondance entre Saint-Paul et Saint-Pierre.

2e Voyage.

Départ de Saint-Denis à 11 heures du matin pour arriver à la Possession à 2 heures du soir.

Départ de la Possession à 2 heures du soir pour arriver à Saint-Paul à 4 heures.

1er Voyage de Saint-Paul à Saint-Denis.

Départ de Saint-Paul à 2 heures du soir pour arriver à la Possession à 4 heures.

Départ de la Possession à 4 heures du soir pour arriver à Saint-Denis de 8 à 9 heures.

2e Voyage.

Départ de Saint-Paul à 10 heures du soir pour arriver à la Possession à minuit.

Départ de la Possession à minuit pour arriver à Saint-Denis de 4 à 5 heures du matin.

LIGNE DE SAINT-PAUL A SAINT-PIERRE.

Départ de Saint-Paul pour Saint-Pierre, tous les jours à 10 heures du matin et à 10 heures et demie en cas de retard du bateau de la Possession pour arriver à destination à 7 heures du soir.

Départ de Saint-Pierre pour Saint-Paul à 4 heures du matin pour arriver à destination à 1 heure et demie du soir.

5. Chaque voyageur aura la faculté d'emporter 15 kilog. de bagage.

Le prix de chaque kilogramme excédant est ainsi fixé :

De Saint-Denis à la Possession.	0 f.	10	par k.
De la Possession à Saint-Paul.	0	10	»
De Saint-Paul à Saint-Leu. . .	0	17 1/2	»
De Saint-Leu à Saint-Louis. .	0	17 1/2	»
De Saint-Louis à Saint-Pierre .	0	05	»

Il en est de même pour les retours.

6. En cas d'interruption de la communication par mer entre Saint-Denis et Saint-Paul, les dépêches et paquets de la poste seront expédiés par terre par estafette. Ce transport ne sera effectué qu'une fois par jour à l'heure qui sera fixée par l'Administration.

Les dépêches devront être rendues à Saint-Paul, dix heures après leur expédition de Saint-Denis.

7. Si les communications sont interrompues de manière à empêcher la circulation des voitures, les dépêches seront transportées par estafette jusqu'aux bureaux de destination, en observant autant que possible le même délai.

8. A l'arrivée de chaque malle d'Europe, et six heures après le mouillage du steamer, il sera mis à la disposition de l'Administration, à Saint-Denis, un bateau, ou en cas de mauvais temps, un nombre d'hommes suffisant pour porter les paquets jusqu'aux bureaux de la Possession.

Si les paquets de la malle à Saint-Denis n'étaient

pas prêts à 10 heures du soir, leur transport serait remis au lendemain par voie ordinaire.

Une voiture ou des piétons, selon l'état des routes, exécuteront après un quart d'heure de délai, le transport des dits paquets jusqu'à Saint-Paul où ils seront remis immédiatement, quelle que soit l'heure avancée de la nuit, au receveur de la poste de Saint-Paul, qui, après avoir extrait la partie qui le concerne, livrera les sacoches à l'entrepreneur chargé de continuer ce transport extraordinaire jusqu'à Saint-Pierre, après un quart d'heure de délai.

9. Les sacoches et paquets seront placés dans les voitures et dans les bateaux de manière que la poussière et l'eau ne puissent les endommager. Les employés des contributions et de la poste, la gendarmerie et les agents de la police seront aptes à constater toute contravention de l'espèce, qui donnera lieu à une amende de 5 francs.

Lorsque des avaries provenant de la négligence de l'entrepreneur seront constatées par procès-verbal des dits agents, une estimation des pertes subies sera déterminée par le chef de service compétent, et la retenue du montant de cette estimation sera opérée sur le prix de la subvention de l'entrepreneur après décision de l'Administration supérieure,

Pour les pertes de valeurs contenues dans les lettres transportées, les droits des tiers seront réservés.

10. Tout retard dans l'arrivée ou le départ des courriers, contrairement aux délais fixés par l'art. 4 ci-dessus, donnera lieu à une amende de 25 francs pour chaque heure de retard, sauf les cas de force majeure dûment constatés.

11. Sont maintenues toutes les dispositions antérieures qui n'ont rien de contraire à celles du présent arrêté.

12. Le Directeur de l'intérieur est chargé de l'exé-

cution du présent arrêté, qui sera enregistré, publié et inséré au *Bulletin officiel* de la Colonie.

Saint-Denis, le 27 février 1862.

Baron DARRICAU.

Par le Gouverneur :

Le Directeur de l'Intérieur,

CH. DE LAGRANGE.

N° 1056. — *ARRÊTÉ qui accorde des subventions à diverses communes pour secours aux malades.*

Du 27 Février 1862.

NOUS GOUVERNEUR DE L'ILE DE LA RÉUNION,

Vu l'article 11 de la loi du 24 avril 1833;

Vu le budget des dépenses facultatives du service local pour l'année 1862;

Vu l'arrêté du 31 janvier 1862 qui accorde une subvention de 4,500 francs à la commune de Saint-Paul, 4,000 francs à celle de Saint-Pierre et 2,500 à celle de Saint-Benoit, pour les établissements de secours destinés aux vieillards, infirmes et indigents, etc. ;

Vu le compte rendu de l'emploi de ces sommes pendant l'année 1861;

Sur le rapport du Directeur de l'intérieur,

Le Conseil privé entendu,

AVONS ARRÊTÉ ET ARRÊTONS :

Art. 1er. Il est alloué à la commune de Saint-Paul une subvention de 4,000 francs pour secours aux malades de Saint-Leu et Saint-Paul.

A la commune de Saint-Pierre, 4,500 francs pour ceux de Saint-Joseph, Saint-Louis, Saint-Philippe et Saint-Pierre.

A la commune de Saint-Benoit, 2,500 francs pour ceux de Sainte-Rose, Saint-André et Saint-Benoit.

Ces dépenses seront imputées sur le crédit de 25,000

francs ouvert au budget des dépenses facultatives de 1862, subvention aux communes pour l'entretien des vieillards, des infirmes, etc.

2. Ces sommes seront mises à la disposition des Maires des sus-dites communes, à condition de ne leur donner aucun autre emploi que celui qui leur est spécialement assigné et dont il sera rendu mensuellement compte au Directeur de l'intérieur.

Les communes de Saint-Paul, Saint-Pierre et Saint-Benoit ne pourront avoir chacune à leur hospice que le nombre de lits que la subvention qui leur est accordée leur permettra d'y entretenir ; s'il en était autrement, l'excédant de la dépense resterait à leur charge.

3. Le Directeur de l'Intérieur est chargé de l'exécution du présent arrêté, qui sera publié, enregistré partout où besoin sera et inséré au *Bulletin officiel* de la Colonie.

Saint-Denis, le 27 février 1862.

Baron DARRICAU.

Par le Gouverneur :

Le Directeur de l'Intérieur,

CH. DE LAGRANGE.

N° 1057. — *MERCURIALE des denrées et productions coloniales, d'après laquelle la Douane aura à percevoir les droits de sortie pendant le mois de février 1862.*

NATURE DES DENRÉES ET DES PRODUCTIONS DE L'ILE DE LA RÉUNION.	ESPÈCE des unités.	PRIX. F.	PRIX. C.
Denrées coloniales.			
Café..................................	les 100 kil.	160	»
Cacao..................................	id.	100	»
Épices diverses.. { Pimens.... / Ravensara. }	id.	100	»
Girofle (clous de)......................	id.	60	»
Girofle (griffes de).....................	id.	15	»
Macis...................................	id.	225	»
Muscades................................	id.	100	»
Miel de toute sorte.....................	le litre	1	75
Vanille.................................	le kilogram.	110	»
Sucre brut (prix moyen).................	les 100 kil.	52	»
Sucre de sirop exportable à l'étranger...	id.	15	»
Pommes de terre et oignons..............	id.	15	»
Légumes secs............................	id.	25	»
Produits industriels.			
Chocolat................................	id.	250	»
Huile essentielle de girofle............	le litre	3	»
Sac de vacoa............................	les 100 sacs	20	»

Fait à Saint-Denis, le 3 février 1862.

Les Membres de la Commission présents,

Signé: Brienne, directeur, Cartier, Gamin, Bertho, Husson et Lhuillier.

Approuvé en séance du Conseil privé, le 5 février 1862.

Le Gouverneur,
Baron DARRICAU.

Par le Gouverneur :

Le Directeur de l'Intérieur,
Ch. de Lagrange.

N° 1058. — *MERCURIALE des marchandises étrangères, d'après laquelle la Douane aura à percevoir les droits d'entrée pendant le mois de février* 1862.

DÉSIGNATION DES MARCHANDISES.	UNITÉS.	PRIX.	DROITS par navires français.	DROITS par navires étrangers.
		f. c.		
Tortues des Séchelles....	Le kilog.	75	exempt	10 %
Tortues de Madagascar...	La tête	1	Id.	Id.
Gibier, volailles..........	Id.	1 25	Id.	Id.
Dindons et poules d'Inde..	Id.	5	Id.	Id.
Oies....................	Id.	4	Id.	Id.
Canards.................	Id.	2	Id.	Id.
Laine en masse pour matelas	Le kilog.	2	20 %	30 %
Nattes de jonc et d'écorce......	La pièce	3	6 %	10 %
Nattes pour parquets en rotin....	Le m. carré	6	Id.	Id.
Nattes pour parquets en bambou...	Id.	4	Id.	Id.
Nattes Persiennes.... en rotin.....	Id.	6	6 %	Id.
Nattes Persiennes.... en bambou...	Id.	4	Id.	Id.
Nattes fines.................	La pièce	2	Id.	Id.
Nattes communes............	Id.	1	Id.	Id.
Vannerie. — Paniers en rotin à linge...........	Id.	12	Id.	Id.
Chaudières de fonte et de potin..................			15 %	25 %
Moulins à égrener.........			Id.	Id.
Pompes en bois non garnies.			Id.	Id.
Voitures à quatre roues riches.....	Id.	3500	20 %	30 %
Voitures à quatre roues ordinaires.	Id.	2500	Id.	Id.
Cabriolets riches.........	Id.	1500	Id.	Id.
Cabriolets ordinaires.....	Id.	1000	Id.	Id.
Objets de collection.......	Id.		1 %	2 %
Babarets en bois laqué, avec dessins en or, du Japon.	Id.		12 %	prohib.
Balais en crins de coco, manche bambou.........	La douzaine	18	Id.	Id.
Bateaux chinois, en racine de bambou, avec sculptures représentant personnages.................	La pièce	30	Id.	Id.
Bateaux en ivoire, représentant les bateaux de plaisance des Chinois........	Id.	100	Id.	Id.
Bandèges en bambou peint.	Le jeu de 3	9	Id.	Id.
Boîtes à whist et jetons en ivoire sculpté.... 1re qualité	La boîte	50	Id.	Id.
Boîtes à whist et jetons en ivoire sculpté.... 2e idem.	Id.	20	Id.	Id.
Boîtes en bois rouge, laquinées, avec sculptures (petites ou moyennes)...	Id.	15	Id.	
Boîtes de coquilages......	Id.	5	Id.	
Boîtes à insectes, cadre en verre, contenant toutes				Id.
				Id.

DÉSIGNATION DES MARCHANDISES.	UNITÉS.	PRIX.	DROITS par navires français.	DROITS par navires étrangers.
		f. c.		
sortes d'insectes.........	La boîte		12 %	prohib.
Boîtes recouvertes d'un tissu de soie, contenant peintures, pinceaux, etc.......	Id.	15	Id.	Id.
Boîtes jeux d'enfants, en carton ou bois peint, contenant petits instruments en cuivre, etc...........	Id.	12 50	Id.	Id.
Boîtes à mouchoirs, en bois laqué, dessins de personnages et de fleurs en or...	Id.	15	Id.	Id.
Boîtes à thé en bois laqué, dessins, etc. — ordinaires.		10		
Boîtes à thé en bois laqué, dessins, etc. — à 2 compartiments, riches...	Id.	35	Id.	Id.
Boîtes à thé en bois laqué, dessins, etc. — à 4 compartiments.	Id.	50	Id.	Id.
Boîtes à ouvrage, en bois laqué, dessins en or sur or, garnis en ivoire ou en os.	Id.	60	Id.	Id.
Boîtes communes à ouvrage.	Id.	20	Id.	Id.
Boîtes à cigares, en bois laqué, dessins en or sur or, l'intérieur garni d'une boîte en plomb............	Id.	6	Id.	Id.
Boîtes à jeu, en bois laqué, dessins en or sur or......	Id.	45	Id.	Id.
Boîtes à tabac à fumer, en cuivre, avec incrustations de nacre du Japon.......	Id.	20	Id.	Id.
Boîtes à priser, en cuivre, avec incrustations de nacre du Japon...............	Id.	20	Id.	Id.
Boîtes à francs-maçons, cadres en bois avec incrustations de nacre du Japon..	Id.	60	Id.	Id.
Albums — de 12 feuilles....		18	Id.	Id.
Albums — de 24 feuilles....		30	Id.	Id.
Boîtes contenant 10 tasses en bois, bois laqué, servant de tasses à thé, avec incrustations de nacre du Japon..................	Id.	30	Id.	Id.
Bonnets de mandarins, toques en velours, garnis en soie, boutons de diverses couleurs................	La pièce	5	Id.	Id.
Cabarets en laque rouge...	Id.	10	Id.	Id.
Cabinets pour enfants, petites armoires à tiroirs, en				

DÉSIGNATION DES MARCHANDISES.	UNITÉS.	PRIX.	DROITS par navires français.	DROITS par navires étrangers.
bois laqué, avec dessins en or...	La pièce	f. c. 40	12 °/。	prohib.
Cages à oiseaux en rotin très fin imitant le fil de fer....	Le jeu de 4	10	Id.	Id.
Chapelets noirs faits en noix de coco du Japon........	La pièce	10	Id.	Id.
Cahiers en ivoire, peints, représentant figures et costumes chinois...........				Id. Id.
Casse-têtes, en bois de sandal, en os ou en ivoire...	Id.	3	Id.	
Cassettes incrustées de pierres de Nankin, représentant des personnages, etc....	Id.	125	Id.	Id.
Colliers en bois de sandal..	Le kilog.	20	Id.	Id.
Corbeilles à pain, en bois laqué, avec dessins en or.............. laque noire.	Le jeu de 3	12	Id.	Id.
Corbeilles à pain, en bois laqué, avec dessins en or.............. laque rouge.	Id.	25	Id.	Id.
Couverts chinois, composés du couteau, des 2 bâtons et de cure-dents en os ou en ivoire................	La pièce	2 50	Id.	Id.
Couteaux à beurre, en ivoire ou en nacre, manche sculpté..................	Id.	7 50	Id.	Id.
Cuillers à thé, en bois laqué, avec incrustations en nacre du Japon.........	Id.	1	Id.	Id.
Cuillers à moutarde, en nacre ou en ivoire.........	Id.	2	Id.	Id.
Echiquiers en bois laqué, dessins en or sur or......	Id.	12 50	Id.	Id.
Ecrans en plumes coloriées et à manche d'ivoire......	Id.	6	Id.	Id.
Ecrans en tissus de soie, manche en ivoire sculpté.	Id.	10	Id.	Id.
Encre chinoise............	Les 6 bât.	3	Id.	Id.
Encriers en bois laqué, avec dessins en or...........	La pièce	10	Id.	Id.
Enseignes en bois laqué, avec dessins en or......	Id.	200	Id.	Id.
Etuis en ivoire sculpté, représentant personnages. petits..	Id.	1	Id.	Id.
Etuis en ivoire sculpté, représentant personnages. grands.	Id.	5	Id.	Id.
Eventails de toutes sortes, avec dessins en or sur or. en os.....	Id.	5	Id.	Id.
Eventails de toutes sortes, avec dessins en or sur or. en plumes.	Id.	8	Id.	Id.
Eventails de toutes sortes, avec dessins en or sur or. en laque..	Id.	12	Id.	Id.
Eventails de toutes sortes, avec dessins en or sur or. en sandal.	Id.	15	Id.	Id.
Eventails de toutes sortes, avec dessins en or sur or. en ivoire..	Id	20	Id.	Id

DÉSIGNATION DES MARCHANDISES.	UNITÉS.	PRIX.	DROITS	
			par navires français.	par navires étrangers.
Feuilles de bétel peintes et représentant fleurs, oiseaux, personnages, etc.	La boîte	f. c. 6	12 °/ₒ	prohib.
Feuilles de papier de riz peintes, représentant fleurs, oiseaux, personnages, etc.	Le c. de 12 f.	25	Id.	Id.
Fiches en ivoire et en nacre.	Le jeu	50	Id.	Id.
Fleurs en ivoire..........	La d. de pots	75	Id.	Id.
Jeux d'échecs en ivoire ou en os, simples, non montés sur boules..........	Le jeu	15	Id.	Id.
Jeux d'échecs en ivoire, montés sur boules en ivoire les unes dans les autres.	Id.	80	Id.	Id.
Jeux d'échecs en ivoire (1re grandeur), dits montres.	Id.	400	Id.	Id.
Jeux de fiches en nacre, avec dessins imprimés ou sculptés..................	Id.	25	Id.	Id.
Jeux de bagues en os ou en ivoire.................	Id.	3	Id.	Id.
Jeux diablotins en os ou en ivoire.................	Id.	3	Id.	Id.
Joss-tick, allumettes composées de sciure de bois et colle de fiente de vache ..	Le kilog.	2 50	Id.	Id.
Joss-tick à odeur sandal, allumettes composées de sciure de bois de sandal et colle de fiente de vache..	Id.	5	Id.	Id.
Instruments de musique (espèce de guitare).........	La pièce	4	Id.	Id.
Espèce de fauteuils à tiroirs en bambou............	Id.	30	Id.	Id.
Lanternes chinoises en tissu de soie extrêmement léger, peintures diverses........ carrées.	Id.	20	Id.	Id.
Lanternes chinoises en tissu de soie extrêmement léger, peintures diverses........ rondes.	Id.	5	Id.	Id.
Malles en carton, composition carton peint et verni imitant le cuir..........	Le jeu de 5	40	Id.	Id.
Malles de camphre, en bois de camphre, recouvertes en cuir, pour la conservation des habits et du linge..................	Id.	200	Id.	Id.
Malles de camphre, en bois de camphre, avec coins en cuivre, sans cuir........	Id.	150	Id.	Id.

DÉSIGNATION DES MARCHANDISES.	UNITÉS.	PRIX.	DROITS par navires français.	DROITS par navires étrangers.
		f. c.		
Mousse du Japon..........	Le kilog.	15	12 °/₀	prohib.
Paniers en écaille travaillée à jour.............. ..	La pièce	70	Id.	Id.
Paniers à linge, en petit rotin fendu en plusieurs parties....................	Le jeu de 3	30	Id.	Id.
Parapluies chinois en papier peint et huilé, manches bambou................	La pièce	3	Id.	Id.
Paravents, bordure en laque, fond en papier... .	Id.	60	Id.	Id.
Petits bateaux faits en noix de coco, et représentant les bateaux des Tancadaires......	Id	5	Id.	Id.
Peignes en écaille (grands et petits)...............	Id.	5	Id.	Id.
Petits magots en pierre tendre et propres à détacher la soie................	Id.	2	Id.	Id.
Petits animaux en plâtre peint....................	Les mille	50	Id.	Id.
Petits garde-manger, l'extérieur garni de paille du Japon.................	La pièce	25	Id.	Id.
Persiennes en rotin très fin, dessins de toutes sortes..		4	Id.	Id.
Peintures sur papier de riz.	La feuille	2 50	Id.	Id.
Petits plateaux pour bouteilles, en bois laqué, dessins en or..............	La pièce	2	Id.	Id.
Pipes chinoises, tuyaux en bambou et rotin, pipes composition étain, cuivre, etc.....................	Id.	2	Id.	Id.
Plateaux pour plats, en rotin tissé très fin........	Le jeu de 4 ou 5	5	Id.	Id.
Plateaux pour plats, en bois laqué avec dessins en or sur or..................	Id.	60	Id.	Id.
Porte-cartes de visites en écaille imprimée et incrustée, intérieur garni en soie....................	La pièce	10	Id.	Id.
Porte-cartes de visites en ivoire sculpté...........	Id.	10	Id.	Id.
Porte-cartes de visites en nacre plaquée et incrustée.	Id	5	Id.	Id.
Porte-cartes en laque, avec dessins en or sur or......	Id		d.	Id

DÉSIGNATION DES MARCHANDISES.	UNITÉS.	PRIX.	DROITS par navires français.	par navires étrangers.
Porte-montres en bois laqué et dessins or sur or......	Le jeu de 4 ou 5	8	12 %	prohib.
Porte-joss-tick, sorte de bateaux en bois laqué contenant allumettes, intérieur garni de plomb.........	Id.	3	Id.	Id.
Porte-éventails en carton, extérieur garni en soie brodée................	Id.	2	Id.	Id.
Porte-tabac en carton, extérieur garni en soie brodée.................	Id.	5	Id.	Id.
Porte-cigares { communs.	La pièce	3	Id.	Id.
Porte-cigares { fins.......	Id.	10	Id.	Id.
Poupées représentant des petits Japonais..........	Id.	5	Id.	Id.
Pupitres en bois laqué, dessins en or sur or.. { pour dames..	Id.	30	Id.	Id.
Pupitres en bois laqué, dessins en or sur or.. { pour hommes.	Id.	50	Id.	Id.
Pupitres en bois de racine, garniture extérieure en cuivre.................	Id.	60	Id.	Id.
Sacoches en ivoire, porte-flacons d'odeurs sculptés à jour....	Id.	20	Id.	Id.
Semainiers en ivoire, travaillés à jour et sculptés..	Id.	100	Id.	Id.
Semainiers en bois de sandal, avec incrustations riches..................	Id.	75	Id.	Id.
Semainiers en bois laqué avec incrustations riches.	Id.	12 50	Id.	Id.
Souliers chinois imitant les pieds des femmes chinoises, faits en plâtre et recouverts de soie.........	La paire	3	Id.	Id.
Tables en bambou........	Le jeu de 6	10	Id.	Id.
Tabatières en écaille, avec incrustations représentant personnages...........	La pièce	30	Id.	Id.
Tables-guéridons en bois laqué, dessins or sur or. Les tables entrent les unes dans les autres..........	Le jeu de 4	50	Id.	Id.
Tables à échiquier, avec dessins or très riches, garnies de nacre, pour les jetons..	La pièce	225	Id.	Id.
Tables à thé, en bois laqué, dessins en or sur or......	Id.	60	Id.	Id.

DÉSIGNATION DES MARCHANDISES.		UNITÉS.	PRIX.	DROITS par navires français.	DROITS par navires étrangers.
			f. c.		
Tables à ouvrage, en bois laqué, dessins or sur or.....	1re qualité.	La pièce	175	12 %	prohib.
	2e idem..	Id.	100	Id.	Id.
Tableaux, intérieurs chinois, peintures sur toile représentant personnages, etc....................		Id.	20	Id.	Id.
Tableaux, vues de Canton, Macao, Boca, Tigris, etc., peintures sur toile.......		Id.	20	Id.	Id.
Tableaux, paysages chinois.		Id.	20	Id.	Id.
Tableaux sur verre, encadrement en bois sculpté..		Id.	10	Id.	Id.
Tableaux en paille de couleur, cadres en bois laqué du Japon...............		Id.	125	Id.	Id.
Vide-poches en écaille ou ivoire, sculptés à jour....		La paire	30	Id.	Id.
Toiles et percales blanches et écrues....	Conjons Nos 14	La pièce de 31 à 33 mètres et au-dessous.	22	20 %	Id.
	Conjons 16		22	Id.	Id.
	Conjons 18 et 19		22	Id.	Id.
	Conjons 23		30	Id.	Id.
	Conjons 26		30	Id.	Id.
	Conjons 30		40	Id.	Id.
	Conjons 36		50	Id.	Id.
	Ecrues.....	La p. de 15 à 16 m.	7	Id.	Id.
Filature blanche et écrue..		Id.	6	Id.	Id.
Salem-poor..............		Id.	7	Id.	Id.
Percale bleue, dite *sandercana*..................		La p. de 8m et au-dessous.	4 50	Id.	Id.
Percale bleue ordinaire....				Id.	Id.
Toiles à carreaux..........		La p. de 15 à 16 m.	5	Id.	Id.
Mouchoirs dits *burgos*.....		La p. de 8 m.	2	Id.	Id.
Pantalons et chemises de toile grossière, servant au vêtement des travailleurs.		La pièce	1 50	Id.	Id.
Toiles à voiles, de coton...		Le mètre	0 70	Id.	Id.
Guinées ou toiles bleues	Filature.....	La p. de 15 à 16 m.	12 50	12 %	Id.
	Salem.......	Id.	8	Id.	Id.
	Oréarpoléon.	Id.	8	Id.	Id.
	Conjons.....	Id.	10	11	Id.
Meubles..	Fauteuils à dossier renversé, de Pondichéry.	La pièce	20	10 %	Id.
	Fauteuils droits	Id.	15	Id.	Id.
	Chaises.......	Id.	6	Id.	Id.

DÉSIGNATION DES MARCHANDISES.		UNITÉS.	PRIX.	DROITS par navires français.	DROITS par navires étrangers
			f. c.		
Tabourets		La pièce	4	10 °/.	prohib.
Jouets d'enfants		Id.		Id.	Id.
Pantoufles de Pondichéry		La paire	40	12 °/.	Id.
Peaux	de cabri de Pondichéry	Les 100	75	6 °/.	
Peaux	de mouton de Pondichéry	Id.	45	Id.	

Fait à Saint-Denis, le 3 février 1862.

Les Membres de la Commission présents,

Signé : Brienne, directeur, Cartier, Gamin, Bertho, Husson et Lhuillier.

Approuvé en séance du Conseil privé, le 5 février 1862.

Le Gouverneur,

Baron DARRICAU.

Par le Gouverneur :

Le Directeur de l'Intérieur,

Ch. de Lagrange.

N° 1059. — NOMINATIONS, PROMOTIONS ET MUTATIONS.

Evêché.

— Par décision en date du 1er février 1862, M. l'abbé Leveau, vicaire à Saint-Pierre, a été nommé professeur au collége de Saint-Benoit;

M. l'abbé Orinel, vicaire à Saint-Joseph, a été nommé vicaire à Saint-Pierre;

M. l'abbé Bethuel, curé de Notre-Dame des Neiges, à Cilaos, a été nommé vicaire à Saint-Joseph;

M. l'abbé Rolland, curé de Notre-Dame de la Sallette, à Saint-Louis, a été nommé curé de Notre-Dame des Neiges, à Cilaos;

M. l'abbé Colomiès, curé de Notre-Dame de Bon Port, à Saint-Pierre, a été nommé curé de Notre-Dame de la Sallette, à Saint-Leu.

— Par arrêté du même jour, il est accordé à MM. Joly et Marcotte, curés des paroisses du Bras-Panon et de Saint-Etienne, un congé de convalescence pour la France, dont la durée sera déterminée par S. E. le Ministre de la marine et des colonies.

— Par arrêté en date du 27 février 1862, il est accordé à M. l'abbé Naninck, curé de la paroisse de l'Assomption, un congé de convalescence dont la durée sera déterminée par S. Exc. le Ministre de la Marine et des colonies.

— Par décision en date du 17 février 1862, M. l'abbé Cloix, vicaire à Saint-André, a été nommé vicaire à la Cathédrale de Saint-Denis.

Administration Militaire.

— Par arrêté du Gouverneur en date du 1er février 1862, la démission de M. Bénard (Cyprien), sous-lieutenant de la milice de Saint-Joseph, est acceptée.

— Par arrêté du Gouverneur en date du 1er février 1862, M. Du Mesgnil, capitaine de la milice de Saint-André, est nommé adjudant-major de cette milice.

Administration de la Marine.

— Par décision du Gouverneur, du 1er février 1862, les commissions suivantes sont délivrées :

A M. Allay, celle de lieutenant de port à Saint-Denis;

A M. Germain (Louis-Ferdinand) celle de lieutenant de port à Saint-Paul;

A M. Germain (Charles-Mathurin) celle de lieutenant de port à Saint-Pierre.

A M. Fourès, celle de maître de port à Saint-Denis.

— Par ordre de service de l'Ordonnateur, en date du 1er février 1862,

MM. Collard (Désiré), écrivain temporaire, et Grenier (Aristide), écrivain à la journée, sont licenciés par suppression d'emploi.

— Par ordre de service de l'Ordonnateur, du 7 février 1862, M. Bernard (Ernest-Gratien), aide-commissaire de la marine, est mis à la dispositon du Contrôleur colonial.

— Par ordre de service de l'Ordonnateur, du 10 février 1862, M. Grenier (Aristide), ex-écrivain à la journée, est mis à la disposition du Contrôleur colonial pour servir dans ses bureaux en qualité d'écrivain temporaire, en remplacement de M. Broum, démissionnaire.

— Par ordre de service de l'Ordonnateur, en date du 21 février 1862, M. Thoraval, chirurgien de la marine de 2e classe, provenant de la Métropole, est chargé de la prévôté de l'hôpital militaire de Saint-Denis, en remplacement de M. Herland, et par permutation avec M. Lataud, officier de santé du même grade.

— Par ordre de service de l'Ordonnateur en date du 24 février 1862, M. Bailly (Edouard), commissaire-adjoint de la marine, rentrant de congé, est chargé de la direction du détail des revues et armements, en remplacement de M. Bédier (Louis), sous-commissaire de marine, appelé à servir en sous-ordre au dit détail.

Administration de l'Intérieur.

— Par arrêté de M. le Gouverneur en date du 1er février 1862,

MM. Lebreton (Henry-Charles), commissaire de canton, est nommé commissaire de police principal à Saint-Pierre.

Lenoir (Charles-Antoine), commis-greffier au Tribunal de Saint-Paul, est nommé commissaire de commune à la Possession.

Meslier (Maurice), commissaire de police à Saint-Leu, est nommé commissaire de police principal à Saint-Benoit.

Morau (Defresne-Marie-René) est nommé commissaire de police de canton à Saint-Leu.

Rousse (Eugène-Alphonse), commissaire de police municipale à Saint-Denis, est nommé commissaire de police à Saint-Philippe.

— Par arrêté du Gouverneur en date du 2 février 1862,

M. Desseaux, ingénieur colonial, est chargé du service du 2e arrondissement à la résidence de Saint-Pierre.

— Par arrêté du Gouverneur en date du 2 février 1862,

M. Palméro, ingénieur colonial, est détaché aux travaux du port de Saint-Pierre, dont il aura la direction sous les ordres directs de l'ingénieur en chef des ponts-et-chaussées.

— Par arrêté du Gouverneur en date du 3 février 1862,

M. Déramond (Jean-Pierre-Auguste), né à Foix (Arriège) le 22 janvier 1832, est nommé contrôleur adjoint des contributions à la résidence de Saint-Pierre (2e division).

— Par arrêté du Gouverneur en date du 11 février 1862, Messieurs Caillot, juge de paix, Henri Deguigné, agent de change, et J.-B. Kanval (Aimé) fils, notaire, ont été nommés menbres du Conseil municipal de la commune de Saint-Paul, en remplacement de MM. Adamolle, Léo de Lanux et Murat, démissionnaires.

— Par arrêté du Gouverneur en date du 18 février 1862, M. Bernard, aide-commissaire de la marine, est nommé membre de la commission des morues en remplacement de M. Desprez.

— Par arrêté du Gouverneur en date du 21 février 1862,

M. Douyère (Elie), syndic des immigrants près de la Justice de Paix de Saint-Joseph, passera à la résidence de Saint-Benoit, en remplacement de M. de Bolivier qui est appelé à exercer ses fonctions à Saint-Joseph.

— Par arrêté du Gouverneur en date du 21 février 1862,

Il est accordé à M. Jallabert (Edouard), commis de 1re classe des douanes, un congé de six mois, sans solde, pendant lequel il est autorisé à se rendre à Mayotte pour affaires personnelles.

— Par arrêté du Gouverneur en date du 22 février 1862,

M. Bourgeois (Adolphe-Antoine), commis-receveur, est nommé receveur de l'Enregistrement et des Domaines au bureau de Saint-Joseph, en remplacement de M. K/ourio, appelé à d'autres fonctions.

— Par arrêté du Gouverneur en date du 26 février 1862,

Il est accordé à M. Lichossy, préposé-surveillant de distillerie, un congé de convalescence dont la durée sera déterminée par S. E. le Ministre de la marine et des colonies.

Certifié conforme :

Le Contrôleur colonial,

Desrobert.

www.ingramcontent.com/pod-product-compliance
Ingram Content Group UK Ltd.
Pitfield, Milton Keynes, MK11 3LW, UK
UKHW021952260726
13994UKWH00004B/1701

9 782329 308203